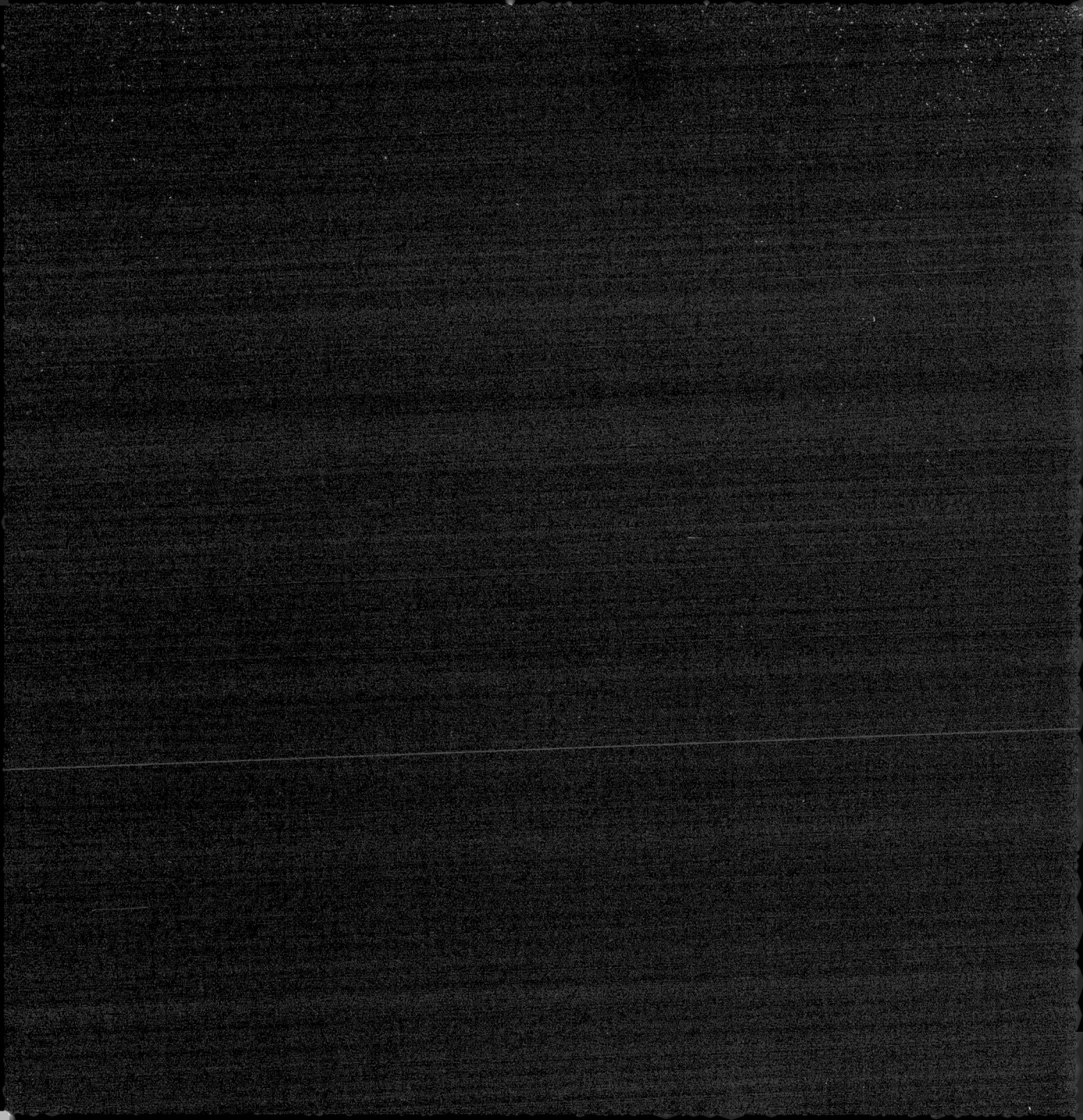

Frédéric Berqué

C'est gratiné !

Photographies de Guillaume Czerw

Stylisme de Julie Schwob

ISBN : 978-2-7540-1987-3
Dépôt légal : 3e trimestre 2010
Imprimé en France par Pollina - L64356
Photos © Guillaume Czerw
Édition : Aurélie Starckmann
Conception graphique : Istria
Pictogramme © Pascale Etchecopar

Éditions First-Gründ
60, rue Mazarine
75006 Paris – France
e-mail : firstinfo@efirst.com
Site internet : www.editionsfirst.fr

Sommaire

Introduction

C'est fondant, légèrement craquant en surface, ça gratine, ça dore... c'est un souvenir d'enfance, un plat chaud, généreux et convivial : vous l'avez reconnu, il s'agit du gratin. Si le gratin dauphinois est le plus connu d'entre eux, les gratins peuvent se présenter sous des formes bien différentes et plus originales.

Vous trouverez dans cet ouvrage des idées d'entrées gratinées, avec par exemple le sabayon d'asperges vertes. Vous pourrez aussi cuisiner des produits de la mer comme le crumble de merlan épicé. Les plats principaux ne seront pas oubliés avec le gratin de butternut au canard confit ou la traditionnelle tartiflette. Les garnitures gratinées comme le gratin de polenta au mascarpone accompagneront à merveille bien des plats. Enfin, même les desserts à base de fruits deviendront sophistiqués et raffinés, comme le gratin de fruits d'automne, sorbet poire, ou le sabayon d'agrumes et de mangue au Grand Marnier®.

Quelques règles de base de préparation et de cuisson restent néanmoins à respecter.

Pour la préparation :

- Beurrez ou graissez systématiquement le plat à gratin.
- Respectez bien l'ordre chronologique de la recette.
- Pensez à bien assaisonner le gratin avant cuisson ; après, il sera trop tard.
- La béchamel est une base de nombreuses recettes ; pour la réussir sans grumeaux, il faut impérativement mélanger le lait froid avec le roux chaud, puis chauffer le tout doucement.

- Taillez finement les pommes de terre ou les légumes pour les mini-gratins, et évitez une cuisson trop longue, qui les dessécherait.
- Ne remplissez pas les plats à ras bord : ils risqueraient de déborder pendant la cuisson.
- Râpez au dernier moment les fromages (gruyère, comté, cantal, beaufort...) qui servent à gratiner.

Pour la cuisson :
- Préchauffez le four avant de commencer la recette.
- Recouvrez bien vos préparations de gruyère ou de chapelure, ajoutez quelques parcelles de beurre pour obtenir une jolie coloration.
- Commencez par une cuisson douce à 170 °C (th. 5/6), puis augmentez la température à la fin pour gratiner.
- Ne faites pas trop gratiner vos préparations : elles deviendront sèches et moins savoureuses.
- Couvrez les gratins, à mi-cuisson, d'une feuille de papier aluminium pour éviter une coloration excessive.
- Sortez les gratins du four avec précaution.

Ces 50 recettes de gratins ne manqueront pas de vous donner des idées et de régaler vos convives. Alors n'hésitez plus, préchauffez le four et lancez-vous dans l'aventure savoureuse et fondante des gratins !

Parmentiers de gésiers de volaille confits et sa roquette

coût moyen • facile à réaliser • préparation : 25 min • cuisson : 40 min • pour 4 personnes

4 mini-plats à gratin
1 poêle - 1 casserole
1 moulin à légumes
1 saladier

600 g de pommes de terre

600 g de gésiers de volaille confits

250 g de champignons de Paris

10 cl de lait - 60 g de beurre

2 c. à s. de persil haché

2 c. à s. de chapelure fine

muscade râpée - curry

sel fin - poivre du moulin

Pour la salade :

4 grosses poignées de roquette

1 c. à s. de vinaigre balsamique blanc -
3 c. à s. d'huile d'olive

1 trait de sauce soja -
1 c. à c. de moutarde

1 Faites fondre la graisse des gésiers confits en les chauffant un peu dans une poêle. Égouttez-les soigneusement, coupez-les en petits morceaux. Émincez les champignons de Paris, faites-les sauter au beurre pendant quelques minutes. Mélangez les morceaux de gésiers avec les champignons, ajoutez le persil haché.

2 Épluchez soigneusement les pommes de terre. Faites-les cuire à la vapeur ou dans un autocuiseur. Passez-les au moulin à légumes. Ajoutez le lait bien chaud, 30 g de beurre en parcelles, de la muscade et du sel fin. Mélangez bien cette purée qui doit rester assez ferme.

3 Préchauffez le four à 200 °C (th. 6/7). Répartissez les gésiers de volaille dans 4 mini-moules à gratin. Complétez avec la purée et lissez le tout avec une spatule. Saupoudrez légèrement de chapelure mélangée avec une pincée de curry, déposez quelques parcelles de beurre. Laissez cuire et gratiner dans le four chaud pendant 15 à 20 minutes.

4 Préparez une vinaigrette avec le vinaigre balsamique, l'huile d'olive, un trait de sauce soja et un peu de moutarde. Assaisonnez la roquette dans un saladier et répartissez-la dans 4 petites assiettes. Servez les gratins bien chauds avec l'assiette de roquette.

variante

Ajoutez de l'échalote hachée et suée au beurre avec les gésiers confits.

truc de cuisinier

Répartissez les gésiers confits et les champignons dans les plats à gratin sans dépasser la moitié de la hauteur pour un bon équilibre de l'ensemble.

Gnocchis gratinés, coulis de tomates

coût moyen • facile à réaliser • préparation : 20 min • repos : 30 min • cuisson : 12 min • pour 4 personnes

4 mini-plats à gratin
1 grande casserole
1 fouet - 1 bol - 1 plat
1 emporte-pièce en forme d'étoile
papier film

1/2 l de lait

90 g de beurre

80 g de semoule de blé fine

1 œuf - 2 jaunes

125 g de gruyère râpé

1 cuil. à soupe d'huile

10 cl de coulis de tomates

sel fin

noix de muscade moulue

piment d'Espelette

quelques feuilles de basilic

1 Faites frémir dans une casserole le lait avec 50 g de beurre, une pincée de sel fin, une pincée de muscade et une pincée de piment. Versez la semoule de blé en pluie dans le lait bouillant. Faites frémir pendant 5-6 minutes en remuant constamment avec un petit fouet.

2 Mélangez dans un bol l'œuf entier et les jaunes. Versez ce mélange dans la semoule, remuez énergiquement et laissez cuire pendant encore 1 minute pour bien épaissir le tout. Ajoutez à la fin la moitié du gruyère râpé. Versez cette semoule compacte dans un plat légèrement huilé sur une épaisseur de 2 à 2,5 cm d'épaisseur.

Lissez avec une spatule métallique huilée. Laissez bien refroidir pendant au moins 30 minutes. Démoulez la semoule compacte sur du papier film. Détaillez 4 formes d'étoile à l'aide d'un emporte-pièce.

3 Beurrez les mini-plats à gratin. Déposez au centre une étoile de semoule. Saupoudrez-les de gruyère. Arrosez-les légèrement avec 20 g de beurre fondu. Faites gratiner dans un four chaud à 230 °C (th. 7/8) pendant quelques minutes.

4 Réchauffez au dernier moment le coulis de tomates. Versez-le dans les moules à gratin autour des étoiles de semoule. Décorez avec du basilic.

variante
Variez les formes (rondes, carrées...) pour égayer votre table.

truc de cuisinier
Surveillez constamment la cuisson de la semoule pour éviter qu'elle attache au fond de la casserole.

Gratins d'œufs farcis au jambon

coût peu élevé • facile à réaliser • préparation : 25 min • cuisson : 15 min • pour 4 personnes

4 mini-plats à gratin
2 casseroles
1 poche à douille cannelée
1 tamis - 1 saladier

6 œufs

2 tranches de jambon blanc

1 cuil. à soupe de persil

1/2 l de lait

80 g de beurre

30 g de farine

80 g de gruyère râpé

sel fin - poivre - muscade
râpée

Faites cuire 4 œufs durs pendant 10 minutes. Laissez-les refroidir. Retirez la coquille, coupez les œufs en deux. Passez les jaunes bien froids au tamis fin. Réservez les 8 demi-blancs. Hachez finement les tranches de jambon. Dans une casserole, faites fondre 40 g de beurre. Ajoutez la farine. Faites cuire ce roux pendant 30 secondes. Ajoutez le lait froid. Portez à ébullition, à feu doux, en remuant constamment. Terminez cette sauce béchamel avec 2 jaunes d'œufs crus, du sel, du poivre et de la muscade. Ne faites plus bouillir.

Mélangez, dans un saladier, le jambon haché avec les jaunes d'œufs tamisés et un peu de sauce béchamel. Garnissez une poche à douille cannelée avec cette farce et remplissez les demi-blancs d'œufs. Répartissez le reste de la sauce dans les mini-plats à gratin préalablement beurrés. Déposez les œufs, saupoudrez de gruyère. Faites gratiner quelques minutes dans un four chaud (210 °C, th. 7).

Gratins d'œufs mollets aux épinards

coût peu élevé • facile à réaliser • préparation : 25 min • cuisson : 25 min • pour 4 personnes

4 mini-plats à gratin
2 casseroles

6 œufs

800 g d'épinard frais

1/2 l de lait

80 g de beurre

30 g de farine

80 g de gruyère râpé

sel fin - poivre

muscade râpée

Faites frémir 4 œufs pendant 6 minutes dans une casserole d'eau bouillante. Refroidissez-les immédiatement. Écalez ces œufs mollets, réservez au frais. Équeutez, lavez et égouttez les épinards. Faites-les fondre dans une grande casserole avec 30 g de beurre. Salez et poivrez. Ajoutez un filet d'eau et laissez cuire à couvert quelques minutes. Vérifiez la cuisson des épinards, égouttez-les.

Dans une autre casserole, faites fondre 30 g de beurre. Ajoutez la farine. Faites cuire ce roux pendant 30 secondes. Ajoutez le lait froid. Portez à ébullition, à feu doux, en remuant constamment. Terminez cette sauce béchamel avec 2 jaunes d'œufs crus, du sel, du poivre et de la muscade. Ne faites plus bouillir. Répartissez les épinards dans les mini-plats beurrés. Déposez au centre les œufs mollets. Nappez généreusement avec la sauce béchamel. Saupoudrez de gruyère râpé. Faites cuire et gratiner dans un four à 210 °C (th. 7) pendant une quinzaine de minutes.

Sabayons d'asperges vertes

coût élevé • assez facile à réaliser • préparation : 25 min • cuisson : 15 min • pour 4 personnes

4 mini-plats à gratin
1 grande casserole
1 saladier
1 bain-marie

24 asperges vertes
40 g de beurre

Pour le sabayon :
5 cl de vin blanc
2 jaunes d'œufs
80 g de beurre fondu
sel fin
piment moulu

1 Épluchez soigneusement les asperges vertes en préservant la pointe. Coupez-les à la dimension des mini-plats à gratin. Plongez-les pendant quelques minutes dans de l'eau bouillante salée. Rafraîchissez-les, égouttez-les soigneusement.

2 Déposez, côte à côte, 6 asperges vertes bien à plat dans les mini-moules à gratin préalablement beurrés.

3 Dans un saladier, fouettez les jaunes d'œufs avec le vin blanc, du sel et une pincée de piment. Déposez ensuite le saladier dans un bain-marie bien chaud. Fouettez énergiquement pendant au moins 3-4 minutes, jusqu'à l'obtention d'un sabayon consistant et onctueux. Hors du feu, versez petit à petit le beurre fondu dans le sabayon. Rectifiez l'assaisonnement.

4 Répartissez généreusement et complètement le sabayon sur les asperges. Colorez sous le gril du four. Servez aussitôt.

variante
Entourez chaque asperge d'une petite tranche de pancetta avant de les déposer dans les plats à gratin.

truc de cuisinier
Ne faites pas trop cuire les asperges vertes pour les garder légèrement croquantes.

Cassolettes de Saint-Jacques aux filaments de légumes

coût élevé • facile à réaliser • préparation : 25 min • cuisson : 30 min • pour 4 personnes

4 mini-plats à gratin
1 casserole
1 poêle
1 saladier

16 petites noix de Saint-Jacques sans corail

2 carottes

1 courgette

1 cuil. à soupe d'huile d'olive

20 g de beurre

20 cl de crème fraîche épaisse

5 cl de lait

1 œuf - 1 jaune

2 cuil. à soupe de fines herbes hachées

70 g de gruyère râpé

sel fin - poivre du moulin

1 Épluchez et râpez les carottes. Lavez et râpez la peau de la courgette. Faites frémir une grande casserole d'eau salée. Plongez les carottes râpées dans l'eau bouillante. Laissez-les cuire pendant 2 minutes, puis ajoutez la courgette râpée. Laissez frémir encore 10 secondes et égouttez ces légumes.

2 Supprimez le petit nerf des noix de Saint-Jacques, coupez-les en deux si nécessaire. Faites chauffer de l'huile d'olive dans une poêle. Colorez les noix de Saint-Jacques pendant 30 secondes dans la matière grasse bien chaude. Répartissez les filaments de légumes bien égouttés et les fruits de mer dans les mini-plats à gratin légèrement beurrés.

3 Dans un saladier, fouettez l'œuf, le jaune, la crème épaisse et le lait. Assaisonnez ce flan de sel et de poivre. Ajoutez les fines herbes.

4 Répartissez le flan dans les plats à gratin. Ajoutez le gruyère râpé. Faites cuire dans un four à 170 °C (th. 5/6) pendant 20 à 25 minutes.

variante
Ajoutez quelques crevettes décortiquées avec les noix de Saint-Jacques.

truc de cuisinier
Après avoir égoutté les légumes, rincez-les à l'eau froide pour bien arrêter leur cuisson.

Flans de crevettes épicées

coût moyen • facile à réaliser • préparation : 25 min • cuisson : 25 min • pour 4 personnes

4 mini-plats à gratin
1 poêle - 1 saladier

250 g de crevettes bouquet décortiquées - 1 courgette bien ferme

2 c. à s. d'huile d'olive - 1 gousse d'ail

150 g de fromage blanc - 1 œuf - 1 jaune

5 cl de crème liquide - 5 cl de lait - 1 c. à s. de moutarde - 1 c. à s. de ciboulette hachée

80 g de gruyère râpé - piment d'Espelette - sel fin - poivre

Râpez le vert de la courgette. Hachez finement l'ail. Faites sauter, à l'huile d'olive et pendant 30 secondes, la courgette râpée dans une poêle. Ajoutez les crevettes, l'ail haché, une pincée de piment d'Espelette, du poivre et du sel fin. Faites sauter de nouveau le tout pendant encore 1 minute. Laissez tiédir.

Dans un saladier, fouettez énergiquement le fromage blanc avec l'œuf, le jaune d'œuf, la crème, le lait, la ciboulette, la moutarde et le sel fin. Répartissez les crevettes et la courgette dans les plats à gratin. Versez le flan. Ajoutez le gruyère râpé. Faites cuire les flans pendant 20 à 25 minutes dans un four à 200 °C (th. 6/7).

Gratins soufflés de thon forestier

coût peu élevé • très facile à réaliser • préparation : 25 min • cuisson : 20 min • pour 4 personnes

4 mini-plats à gratin
1 casserole - 1 poêle - 1 saladier

2 boîtes de thon au naturel

250 g de champignons de Paris

1 c. à s. d'huile - 2 gousses d'ail - 1 c. à s. de persil haché

1/2 l de lait - 60 g de beurre

40 g de farine - 2 œufs - 50 g de gruyère

sel fin - poivre - muscade râpée

Lavez et émincez les champignons de Paris. Hachez finement l'ail. Égouttez le thon en conserve. Faites chauffer de l'huile dans une poêle. Laissez revenir les champignons dans la graisse chaude pendant quelques minutes pour bien évaporer l'eau de cuisson. Ajoutez l'ail, du sel fin et le persil. Incorporez délicatement le thon, hors du feu.

Dans une casserole, faites fondre 40 g de beurre. Ajoutez la farine. Faites cuire ce roux pendant 30 secondes. Ajoutez le lait froid. Portez à ébullition, à feu doux, en remuant constamment. Terminez cette sauce béchamel avec 2 jaunes d'œufs, du sel, du poivre et de la muscade. Débarrassez la sauce dans un saladier. Montez 2 blancs d'œufs en neige. Incorporez dans la sauce les champignons, le thon et, plus délicatement, les blancs en neige. Répartissez le tout dans les mini-plats à gratin préalablement beurrés. Saupoudrez de gruyère râpé. Faites cuire et gratiner pendant 15 à 20 minutes dans un four à 200 °C (th. 6/7).

Parmentiers de cabillaud

coût moyen • facile à réaliser • préparation : 35 min • cuisson : 50 min • pour 4 personnes

4 mini-plats à gratin
1 grande casserole
1 moulin à légumes
1 petite cocotte
1 poêle

500 g de filet de cabillaud
5 cl d'huile d'olive
600 g de pommes de terre
15 cl de lait
80 g de beurre
50 g de parmesan râpé
500 g de tomates
1 échalote
2 gousses d'ail
1 bouquet garni
quelques feuilles de basilic
1 pincée de sucre
quelques gouttes de Tabasco®
sel - muscade moulue

1 Plongez les tomates pendant 15 secondes dans de l'eau bouillante, puis 10 secondes dans de l'eau glacée pour les peler. Coupez-les en quatre, épépinez-les, concassez-les au couteau. Hachez finement l'échalote et l'ail. Dans une petite cocotte, faites-les suer, à l'huile d'olive. Ajoutez les tomates concassées, puis le bouquet garni, la pincée de sucre et le Tabasco®. Laissez cuire 25 minutes à feu doux. Retirez le bouquet garni et rectifiez l'assaisonnement.

2 Épluchez les pommes de terre. Détaillez-les en quartiers et faites-les cuire 30 minutes dans une grande casserole d'eau, froide au départ. Passez les pommes de terre au moulin à légumes. Ajoutez le lait bouillant, 50 g de beurre en parcelles, quelques feuilles de basilic ciselées. Assaisonnez de sel et de muscade moulue.

3 Faites chauffer de l'huile d'olive dans une poêle. Déposez les filets de cabillaud dans la graisse chaude. Salez et poivrez, faites cuire quelques minutes. Effeuillez très légèrement, à la fourchette, les filets de poisson encore chauds.

4 Garnissez les mini-plats à gratin, à mi-hauteur, avec une couche de concassée de tomates, puis de cabillaud effeuillé. Ajoutez un peu de basilic émincé. Recouvrez de purée et lissez le tout avec une spatule. Répartissez le parmesan râpé et 30 g de beurre en parcelles. Laissez cuire et gratiner dans le four à 200 °C (th. 6/7) pendant 15 à 20 minutes.

variante
Remplacez les filets de cabillaud par des filets de daurade.

truc de cuisinier
Ne faites pas trop cuire les filets de cabillaud pour les garder moelleux.

Gratin moelleux de saumon à l'étuvée de fenouil

coût moyen • facile à réaliser • préparation : 20 min • cuisson : 40 min • pour 4 personnes

1 plat à gratin
1 casserole
1 saladier

400 g de filet de saumon sans peau

1 fenouil bulbe

2 cuil. à soupe d'huile d'olive

1 trait de pastis

30 g de beurre

15 cl de crème liquide

10 cl de lait

2 œufs

1 cuil. à soupe de fécule de maïs

sel fin - poivre du moulin

30 g de parmesan

2 cuil. à soupe de ciboulette hachée

origan

1 Émincez finement le fenouil avec l'aneth des branches. Déposez le fenouil émincé dans une petite casserole avec un filet d'huile d'olive, de l'origan, le pastis et un peu d'eau. Salez et laissez cuire doucement, à couvert, pendant 6 à 8 minutes. Égouttez le fenouil après cuisson.

2 Taillez des dés de 3 cm dans le filet de saumon. Beurrez un plat à gratin. Répartissez les dés de saumon et le fenouil dans ce plat. Arrosez avec un trait d'huile d'olive.

3 Dans un saladier, fouettez vigoureusement les œufs avec la fécule de maïs, puis incorporez la crème, le lait et la ciboulette. Assaisonnez ce flan de sel, d'origan et de poivre.

4 Versez le flan sur les dés de saumon dans le plat à gratin. Le flan doit bien recouvrir les dés de saumon pour éviter le dessèchement à la cuisson. Saupoudrez de parmesan râpé. Faites cuire dans un four à 170 °C (th. 5/6) pendant 30 à 35 minutes.

variante
Ajoutez quelques dés de courgette crue avec les dés de saumon et le fenouil.

truc de cuisinier
Pour 4 mini-gratins, réduisez la cuisson à 20 minutes.

Crumbles de merlan aux épices

coût moyen • assez facile à réaliser • préparation : 35 min • cuisson : 35 min • pour 4 personnes

4 mini-plats à gratin
1 casserole
1 poêle
1 saladier

4 filets de merlan sans peau
1 cuil. à soupe d'huile d'olive
8 blancs de poireau
110 g de beurre
15 cl de crème liquide
60 g de chapelure
60 g de farine
1 pincée de curry
paprika
sel fin - poivre du moulin

1 Fendez les blancs de poireau, lavez-les et émincez-les. Dans une grande casserole, faites fondre 50 g de beurre. Ajoutez les poireaux émincés, une pincée de sel et un peu d'eau. Laissez cuire pendant 15 à 20 minutes à feu doux et à couvert. Vérifiez la cuisson et ajoutez la crème liquide. Laissez réduire jusqu'à une consistance légèrement nappante. Laissez refroidir.

2 Préparez la pâte à crumble en mélangeant, dans un saladier et du bout des doigts, 60 g de beurre en parcelles avec la chapelure, la farine, une bonne pincée de curry et du sel fin. Vous obtenez un sable grossier : le crumble salé.

3 Faites sauter rapidement les filets de merlan dans une poêle avec un filet d'huile d'olive. Saupoudrez-les de paprika, de sel fin et de poivre du moulin.

4 Beurrez les plats à gratin individuels. Découpez les filets de merlan à la taille de ces plats. Déposez les morceaux de merlan, nappez-les avec la fondue de poireaux, à mi-hauteur. Émiettez le crumble sur toute la surface. Faites cuire dans un four à 180 °C (th. 6) pendant 15 à 20 minutes.

variante
Remplacez les filets de merlan par un pavé de cabillaud.

truc de cuisinier
Faites durcir le crumble au réfrigérateur juste après sa confection : il s'émiettera plus facilement.

Pavés de cabillaud gratinés au lait de coco et curry doux

coût élevé • assez facile à réaliser • préparation : 20 min • cuisson : 20 min • pour 4 personnes

4 mini-plats à gratin
1 casserole
1 saladier
1 poêle

4 pavés de cabillaud

125 g de crevettes décortiquées

500 g d'épinards frais

40 g de beurre

15 cl de lait de coco non sucré

15 cl de crème épaisse

2 jaunes d'œufs

2 cuil. à soupe de ciboulette hachée

80 g de gruyère

curry doux

sel fin - poivre du moulin

1 Équeutez et lavez les épinards, égouttez-les soigneusement. Faites fondre dans une grande casserole 30 g de beurre. Ajoutez les épinards dans la graisse chaude. Remuez un peu. Salez et poivrez. Ajoutez un filet d'eau et laissez cuire à couvert pendant quelques minutes. Vérifiez la cuisson des épinards et égouttez-les de nouveau.

2 Préchauffez le four à 200 °C (th. 6/7). Beurrez les mini-plats à gratin et répartissez, à mi-hauteur, les épinards. Confectionnez un flan salé en mélangeant le lait de coco avec la crème épaisse, les jaunes d'œufs, la ciboulette, du sel, du poivre et une pincée de curry. Réservez ce flan au frais.

3 Faites chauffer de l'huile d'olive dans une poêle. Colorez rapidement les pavés de cabillaud sans vraiment les cuire. Salez et poivrez.

4 Déposez un pavé de cabillaud et les crevettes décortiquées dans les moules à gratin. Versez le flan à hauteur. Ajoutez le gruyère râpé. Faites cuire et gratiner pendant 15 à 20 minutes dans le four chaud.

variante
La crème de coco, plus épaisse et plus goûteuse, peut remplacer le lait de coco.

truc de cuisinier
Égouttez soigneusement les épinards avant de les répartir dans les mini-plats à gratin pour éviter de détremper le flan à la cuisson.

Lasagne de saumon au blanc de poireau

coût moyen • facile à réaliser • préparation : 40 min • cuisson : 50 min • pour 4 personnes

1 plat à gratin
3 casseroles
1 saladier
1 fouet

250 g de lasagnes sèches à garnir
500 g de filet de saumon sans peau
1/2 citron
3 blancs de poireaux
15 cl de crème liquide
60 cl de lait
60 g de beurre
30 g de farine
100 g de gruyère râpé
1 cuil. à soupe d'huile
sel fin - gros sel
muscade moulue

1 Découpez le filet de saumon en 4 morceaux. Déposez-les dans une casserole. Versez de l'eau froide à hauteur. Ajoutez du gros sel et le jus d'un demi-citron. Faites frémir le tout. Laissez cuire encore pendant 5-6 minutes. Égouttez les morceaux de saumon, laissez-les refroidir et effeuillez-les avec une fourchette.

2 Émincez finement les blancs de poireaux. Faites-les suer avec 30 g de beurre dans une casserole. Ajoutez un peu d'eau et du sel fin. Laissez cuire à couvert pendant 10 minutes. Égouttez soigneusement les poireaux, mélangez-les dans un saladier avec la crème et du sel fin.

3 Dans une casserole, faites fondre 30 g de beurre. Ajoutez la farine et mélangez bien. Versez le lait froid sur ce roux, assaisonnez de sel fin et de muscade râpée. Portez le tout à ébullition et laissez frémir pendant 2 minutes sans cesser de mélanger avec un petit fouet. La sauce béchamel doit être assez liquide.

4 Dans un plat à gratin légèrement huilé, déposez en 3 couches successives les lasagnes, le poireau et le saumon, nappées de la sauce béchamel. Les lasagnes sèches doivent être bien recouvertes avec les différentes garnitures pour rester moelleuses à la cuisson. Terminez avec une bonne couche de gruyère râpé. Faites cuire et gratiner pendant 30 à 35 minutes dans un four à 180 °C (th. 6).

variante
Ajoutez une bonne pincée de curry aux blancs de poireaux à la crème.

truc de cuisinier
Pour des mini-gratins, montez deux couches seulement et utilisez des lasagnes fraîches. La cuisson sera réduite de moitié.

Brandade de lieu jaune et patate douce à l'orange

coût moyen • facile à réaliser • préparation : 30 min • cuisson : 50 min • pour 4 personnes

4 mini-moules à gratin
1 grande et 1 petite casseroles
1 moulin à légumes
1 poêle

400 g de filet de lieu jaune

5 cl d'huile d'olive

300 g de patates douces

300 g de pommes de terre

7 cl de crème liquide

100 g de beurre

1 orange non traitée

2 cuil. à soupe de crème fraîche

1 trait de Grand Marnier®

poivre du moulin

cardamome moulue

50 g de chapelure fine

sel fin - gros sel

1 Prélevez le zeste et le jus d'1 orange. Versez le tout dans une petite casserole. Ajoutez du Grand Marnier®. Faites réduire de moitié. Ajoutez la crème fraîche épaisse et 20 g de beurre. Arrêtez la cuisson dès la première ébullition. Salez pour corriger l'acidité.

2 Épluchez les patates douces et les pommes de terre. Détaillez-les en quartiers et faites-les cuire pendant 30 minutes dans une grande casserole d'eau salée, froide au départ. Égouttez-les, passez-les au moulin à légumes. Ajoutez la crème liquide et 50 g de beurre en parcelles. Assaisonnez de sel et de cardamome.

3 Faites chauffer de l'huile d'olive dans une poêle. Déposez les filets de lieu jaune dans la graisse chaude. Salez, poivrez et faites cuire quelques minutes. Effeuillez très légèrement, à la fourchette, les filets de poisson encore chauds, puis recouvrez de sauce à l'orange.

4 Complétez les mini-plats à gratin, préalablement beurrés, en alternant 2 couches de poisson et 2 couches de purée. Lissez la dernière couche de purée avec une spatule. Saupoudrez de chapelure. Ajoutez quelques parcelles de beurre. Laissez cuire et gratiner dans le four chaud (th. 7) pendant 15 à 20 minutes.

variante
Pour encore plus d'originalité, dressez cette brandade dans des bocaux en verre de taille basse.

truc de cuisinier
Ne faites pas trop cuire le lieu jaune pour le garder bien moelleux.

Dos de saumon rôti aux épices

coût moyen • facile à réaliser • préparation : 20 min • marinade : 30 min • cuisson : 20 min • pour 4 personnes

4 mini-moules à gratin
1 poêle
1 saladier
papier film

4 pavés de saumon sans peau

5 cl d'huile d'olive

1 cuil. à soupe de curry

1 cuil. à soupe de paprika

2 cuil. à soupe de miel

30 cl de crème liquide

quelques feuilles de menthe

2 oranges

sel fin

1 Prélevez le jus d'1 orange et versez-le dans un saladier. Ajoutez 1 cuillerée à soupe d'huile d'olive, le miel, le curry, le paprika et du sel fin. Mélangez le tout avec une fourchette.

2 Versez cette marinade sur les pavés de saumon. Filmez et laissez reposer au frais pendant 30 minutes. Égouttez les pavés et réservez la marinade. Faites chauffer 1 cuillerée à soupe d'huile d'olive dans une poêle. Faites colorer rapidement les pavés des deux côtés, sans les cuire, puis déposez-les au centre des mini-moules à gratin légèrement huilés.

3 Versez la marinade et la crème dans la poêle de cuisson. Faites frémir et laissez réduire un peu. Rectifiez l'assaisonnement.

4 Faites cuire les dos de saumon, dans les mini-plats à gratin, pendant 10 à 12 minutes dans un four préchauffé à 200 °C (th. 6/7). Versez la sauce bouillante autour des saumons à la sortie du four. Décorez avec une rondelle d'orange, de la menthe hachée et un filet d'huile d'olive.

variante
Pour une recette plus originale, mélangez 15 cl de crème liquide avec 15 cl de crème de coco.

truc de cuisinier
Fouettez la sauce à la dernière minute pour la rendre légèrement moussante.

Filets de merlan glacés aux crevettes

coût élevé • assez facile à réaliser • préparation : 35 min • cuisson : 10 min • pour 4 personnes

4 mini-plats à gratin
2 casseroles
1 plat à gratin
papier cuisson
1 saladier

4 filets de merlan
1 échalote
80 g de beurre
5 cl de vin blanc
15 cl de fumet de poisson
15 cl de crème liquide
120 g de crevettes bouquet décortiquées
1/2 citron
350 g de champignons de Paris
safran
sel fin

1 Lavez et émincez les champignons de Paris. Faites-les cuire pendant quelques minutes dans une casserole avec 5 cl d'eau, une pincée de sel et le jus d'un demi-citron. Égouttez les champignons. Réservez le jus de cuisson.

2 Pliez les filets de merlan en deux. Hachez l'échalote. Beurrez grassement un plat à gratin. Parsemez-le d'échalote hachée. Déposez les filets de merlan. Arrosez de vin blanc et de fumet de poisson tiède. Recouvrez le plat d'un papier cuisson. Déposez-le dans un four à 160 °C (th. 5/6). Dès que le jus de cuisson commence à frémir, comptez 5 minutes de cuisson. Filtrez le jus de cuisson à la sortie du four.

3 Versez le jus de cuisson des merlans et des champignons dans une casserole et faites-le réduire au moins de moitié. Ajoutez 5 cl de crème et une bonne pincée de safran. Laissez réduire à nouveau de moitié. Fouettez 10 cl de crème en chantilly salée. Terminez la sauce en incorporant 50 g de beurre en parcelles, puis la crème fouettée. Rectifiez l'assaisonnement.

4 Réglez le four en position gril. Beurrez les mini-plats à gratin. Répartissez les champignons et les crevettes. Déposez délicatement au centre les filets de merlan précuits. Versez généreusement la sauce par-dessus. Faites colorer et gratiner rapidement sous la salamandre du four, à mi-hauteur, pendant quelques minutes.

variante
Ajoutez un trait de vermouth (Martini®, Noilly Prat®) dans la sauce pour la parfumer.

truc de cuisinier
Surveillez bien le glaçage dans le four, celui-ci servant à réchauffer les filets de merlan et à les colorer superficiellement.

Pavés de saumon glacés à la moutarde ancienne

coût moyen • assez facile à réaliser • préparation : 35 min • cuisson : 40 min • pour 4 personnes

4 mini-plats à gratin
2 casseroles
1 poêle
1 saladier

4 pavés de saumon

5 cl d'huile

800 g de petites pommes de terre de type charlotte

30 g de beurre

Pour le glaçage :

2 jaunes d'œufs

1 cuil. à soupe d'eau

100 g de beurre fondu

1 cuil. à soupe de moutarde ancienne

1/2 citron

7 cl de crème liquide

sel fin - poivre

1 Lavez soigneusement les pommes de terre. Faites-les cuire avec la peau pendant 30 minutes dans une casserole d'eau salée, froide au départ. Épluchez-les encore chaudes. Coupez-les en rondelles. Répartissez-les en rosace dans les mini-plats à gratin préalablement beurrés. Ajoutez quelques parcelles de beurre, du sel fin et du poivre.

2 Faites chauffer de l'huile dans une poêle. Déposez les 4 pavés de saumon dans la graisse bien chaude. Colorez-les et faites-les cuire des 2 côtés pendant quelques minutes. Salez légèrement.

3 Dans une casserole, mélangez les jaunes d'œufs avec la cuillerée à soupe d'eau. Fouettez énergiquement à feu très doux. Dès que la sauce est assez moussante, ajoutez, hors du feu et petit à petit, 100 g de beurre fondu. Montez la crème fouettée salée. Incorporez-la dans la sauce, ajoutez la moutarde à l'ancienne. Salez et acidulez la sauce avec quelques gouttes de jus de citron.

4 Réchauffez les pommes de terre pendant quelques minutes dans un four à 180 °C (th. 6). Déposez au centre le pavé de saumon. Réglez le four en position gril. Versez la sauce à la moutarde sur les pavés de saumon. Gratinez rapidement la sauce sous la salamandre du four.

variante

Ajoutez du persil haché sur les pommes de terre juste avant de napper avec la sauce à la moutarde.

truc de cuisinier

La sauce à la moutarde ancienne est très sensible à la chaleur : il faut fouetter les jaunes d'œufs et l'eau à feu très doux sans dépasser la température de 65 °C.

Gratins de butternut au canard confit

coût moyen • facile à réaliser • préparation : 20 min • cuisson : 40 min • pour 4 personnes

4 mini-plats à gratin
2 poêles
1 casserole
1 moulin à légumes

200 g de pommes de terre

500 g de chair de butternut ou de potiron

5 cl de lait

100 g de beurre

4 cuisses de confit de canard

2 cuil. à soupe de persil haché

250 g de champignons de Paris

50 g de chapelure fine

muscade râpée

sel fin - poivre du moulin

1 Épluchez soigneusement les pommes de terre. Découpez-les en morceaux avec la chair de butternut ou de potiron. Faites-les cuire à la vapeur ou dans un autocuiseur. Passez-les au moulin à légumes. Ajoutez le lait bien chaud, 50 g de beurre en parcelles, de la muscade et du sel fin. Mélangez bien cette purée de butternut qui doit rester assez ferme.

2 Chauffez le confit pendant quelques secondes au micro-ondes pour retirer plus facilement la peau, les os et la graisse. Effeuillez la chair grossièrement à l'aide d'une fourchette. Faites-la revenir pendant quelques minutes dans une poêle, avec un peu de graisse de canard pour la rendre plus croustillante.

3 Émincez les champignons. Faites-les revenir avec 20 g de beurre pendant quelques minutes. Ajoutez le persil haché, mélangez le tout avec la chair du confit de canard.

4 Préchauffez le four à 200 °C (th. 6/7). Répartissez le confit de canard dans les mini-plats à gratin légèrement beurrés. Complétez avec la purée de butternut. Saupoudrez de chapelure et ajoutez quelques parcelles de beurre. Laissez cuire et gratiner dans le four chaud pendant 15 à 20 minutes.

variante
Utilisez des girolles ou des cèpes à la place des champignons de Paris.

truc de cuisinier
Lissez la purée de butternut à l'aide d'une spatule avant de la saupoudrer de chapelure.

Gratin de bœuf haché et d'aubergine à la coriandre

coût moyen • assez facile à réaliser • préparation : 40 min • cuisson : 40 min • pour 4 personnes

1 plat à gratin
1 casserole
2 poêles

2 aubergines

10 cl d'huile d'olive

2 gousses d'ail

1 petit bouquet de coriandre

300 g de bœuf haché

1 oignon

30 cl de coulis de tomates

30 g de beurre

30 g de farine

1/2 l de lait

120 g de gruyère

sel fin - poivre du moulin

muscade moulue

1 Lavez les aubergines et fendez-les en quatre dans la longueur. Émincez-les en tranches de 3 mm. Hachez finement l'ail. Faites sauter pendant quelques minutes et en 3 fois les tranches d'aubergines dans une grande poêle. Assaisonnez-les avec l'ail haché, du sel et du poivre.

2 Hachez finement l'oignon et la coriandre fraîche. Faites chauffer de l'huile d'olive dans une poêle. Colorez rapidement la viande de bœuf. Ajoutez l'oignon et laissez cuire un peu. Versez le coulis de tomates. Laissez mijoter pendant 5 minutes. Assaisonnez de sel fin et ajoutez la coriandre hachée.

3 Dans une casserole, faites fondre 30 g de beurre. Ajoutez la farine. Faites cuire ce roux pendant 30 secondes. Ajoutez le lait froid. Portez à ébullition, à feu doux, en remuant constamment. Laissez frémir pendant 1 minute, puis assaisonnez cette sauce béchamel de sel, de poivre et de muscade.

4 Dans le plat à gratin, répartissez les aubergines sautées. Ajoutez le bœuf haché à la sauce tomate et nappez de sauce béchamel. Saupoudrez généreusement de gruyère râpé. Faites cuire et gratiner dans un four à 180 °C (th. 6) pendant 30 minutes.

variante
Ajoutez des rondelles de courgettes sautées avec les aubergines.

truc de cuisinier
Pour des mini-gratins, réduisez le temps de cuisson à 20 minutes.

Parmentiers de poulet à l'indienne

coût moyen · facile à réaliser · préparation : 25 min · cuisson : 40 min · pour 4 personnes

4 mini-moules à gratin
2 poêles - 1 casserole
1 moulin à légumes
1 saladier

600 g de pommes de terre

10 cl de lait

50 g de beurre

4 escalopes de poulet

1 oignon

1 c. à s. d'huile végétale

1 c. à s. d'huile d'olive

1/2 citron

10 cl de crème fraîche épaisse

10 cl de crème de coco

1 c. à s. de curry doux

30 g d'amandes effilées torréfiées

2 c. à s. de chapelure fine

muscade râpée

sel fin

1 Épluchez soigneusement les pommes de terre. Faites-les cuire à la vapeur ou dans un autocuiseur. Passez-les au moulin à légumes. Ajoutez le lait bien chaud, 30 g de beurre en parcelles, de la muscade et du sel fin. Mélangez bien cette purée qui doit rester assez ferme.

2 Découpez les escalopes de poulet en gros dés. Émincez finement l'oignon, faites-le revenir et caraméliser à l'huile, dans une poêle, pendant quelques minutes.

3 Dans une autre poêle, faites revenir et colorer, à l'huile d'olive, les dés de volaille pendant quelques minutes.

Parsemez de curry. Versez la crème épaisse et la crème de coco. Laissez réduire un peu ce curry de volaille. Acidulez-le avec le jus d'un demi-citron.

4 Préchauffez le four à 200 °C (th. 6/7). Répartissez le curry de volaille dans 4 mini-moules à gratin. Ajoutez les oignons caramélisés et les amandes effilées. Laissez refroidir. Complétez avec la purée et lissez le tout avec une spatule. Saupoudrez légèrement de chapelure, déposez quelques parcelles de beurre. Laissez cuire et gratiner dans le four chaud pendant 15 à 20 minutes.

variante
Ajoutez quelques raisins secs ou des dés de pommes dans le curry de volaille.

truc de cuisinier
Après avoir lissé la purée, dessinez un quadrillage sur sa surface avec la pointe d'un couteau.

Gratin d'endives sautées au jambon

coût moyen • facile à réaliser • préparation : 30 min • cuisson : 30 min • pour 4 personnes

1 plat à gratin
1 casserole
1 poêle
1 autocuiseur

4 endives
4 tranches de jambon
100 g de beurre
50 g de farine
3/4 de l de lait
100 g de gruyère râpé
sel fin - poivre du moulin
muscade moulue

1 Nettoyez les endives avec un torchon. Supprimez le trognon. Faites cuire les endives pendant 10 minutes dans un autocuiseur ou 30 minutes dans de l'eau bouillante salée. Égouttez-les et laissez-les refroidir.

2 Dans une casserole, faites fondre 50 g de beurre. Ajoutez la farine. Faites cuire ce roux pendant 30 secondes. Ajoutez le lait froid. Portez à ébullition, à feu doux, en remuant constamment. Assaisonnez cette sauce béchamel de sel, de poivre et de muscade.

3 Faites chauffer 40 g de beurre dans une poêle. Déposez les endives dans cette graisse chaude et laissez-les cuire et dorer pendant quelques minutes en les surveillant constamment. Laissez tiédir. Entourez chaque endive d'une tranche de jambon.

4 Disposez les 4 endives dans un plat à gratin beurré. Nappez-les de sauce béchamel. Saupoudrez de gruyère râpé. Faites cuire et gratiner dans un four à 180 °C (th. 6) pendant 15 minutes.

variante

Vous pouvez cuire aussi les endives dans un bouillon de volaille.

truc de cuisinier

La deuxième cuisson dans le beurre permet de révéler le goût subtil de l'endive.

Gratinée jurassienne
à la saucisse de Morteau

coût moyen • très facile à réaliser • préparation : 35 min • cuisson : 40 min • pour 4 personnes

1 plat à gratin
2 casseroles
2 poêles
1 saladier

800 g de pommes de terre de type charlotte

2 petites saucisses de Morteau

20 g de beurre

3 oignons

5 cl d'huile végétale

180 g de cancoillotte

50 g de comté râpé

sel fin - poivre du moulin

1 Déposez les saucisses de Morteau dans une casserole remplie d'eau froide. Faites frémir le tout et laissez cuire à feu doux pendant 30 à 35 minutes. Laissez les saucisses refroidir, émincez-les en rondelles régulières.

2 Lavez soigneusement les pommes de terre. Faites-les cuire avec la peau pendant 30 minutes dans une casserole d'eau salée, froide au départ. Épluchez-les encore chaudes, puis coupez-les en rondelles. Faites revenir rapidement ces pommes de terre dans une poêle avec de l'huile bien chaude.

3 Épluchez les oignons, émincez-les finement. Faites chauffer de l'huile dans une poêle. Faites cuire et colorer les oignons pendant 8 à 10 minutes en les surveillant régulièrement. Salez et poivrez.

4 Mélangez les tranches de pommes de terre, les tranches de Morteau et les oignons colorés dans un saladier. Répartissez le tout dans le plat à gratin. Recouvrez avec la cancoillotte, saupoudrez de comté râpé. Faites gratiner rapidement dans un four à 230 °C (th. 7/8).

variante
Servez ce gratin avec une salade frisée ou de la batavia.

truc de cuisinier
Pour des plats à gratin individuels, découpez les saucisses de Morteau et les pommes de terre en petits dés.

Gratin moelleux de macaronis au comté et jambon blanc

coût moyen • très facile à réaliser • préparation : 15 min • cuisson : 25 min • pour 4 personnes

1 plat à gratin
1 grande casserole
1 saladier
1 râpe à fromage

300 g de macaronis
30 g de beurre
2 tranches de jambon épaisses
120 g de comté
25 cl de crème fraîche épaisse
1 jaune d'œuf
sel fin - poivre du moulin
muscade moulue

1 Détaillez les tranches de jambon en petits dés. Râpez le morceau de comté. Beurrez le plat à gratin. Préchauffez le four à 180 °C (th. 6).

2 Faites chauffer une grande casserole remplie d'eau salée. Faites cuire les macaronis *al dente* en respectant les recommandations du fabricant. Rincez-les à l'eau tiède, égouttez-les soigneusement.

3 Dans un saladier, mélangez la crème épaisse avec le jaune d'œuf, un tiers du comté et les dés de jambon. Ajoutez les macaronis bien égouttés. Mélangez de nouveau, assaisonnez avec du sel fin, du poivre et de la muscade, versez le tout dans le plat à gratin.

4 Répartissez le reste de comté sur toute la surface du gratin. Faites cuire et gratiner dans le four pendant 20 minutes. Servez aussitôt.

variante
Incorporez un peu de coulis de tomates avec la crème fraîche épaisse.

truc de cuisinier
N'ajoutez pas d'huile dans l'eau de cuisson des macaronis : ils absorberaient mal la crème en gratinant dans le four.

Gratin vosgien au munster et cumin

coût moyen • très facile à réaliser • préparation : 15 min • cuisson : 1 h • pour 4 personnes

1 plat à gratin
1 casserole
1 poêle

800 g de pommes de terre de type charlotte

20 g de beurre

2 oignons

1 cuil. à soupe d'huile végétale

150 g de lardons allumette

300 g de munster

1/2 salade frisée

5 cl de vinaigrette

cumin moulu

gros sel

sel fin - poivre

1 Épluchez les oignons, émincez-les finement. Faites chauffer de l'huile dans une poêle. Faites cuire et colorer les oignons pendant 8 à 10 minutes en les surveillant régulièrement. Salez et poivrez.

2 Lavez soigneusement les pommes de terre. Faites-les cuire avec la peau pendant 30 minutes dans une casserole d'eau salée, froide au départ. Épluchez-les encore chaudes, coupez-les en rondelles.

3 Supprimez la croûte du munster (facultatif), découpez-le en tranches fines. Beurrez le plat à gratin. Répartissez en 2 couches les rondelles de pommes de terre, ajoutez les lardons, les oignons, et enfin les tranches de munster. Saupoudrez légèrement de cumin.

4 Faites cuire et gratiner dans un four à 180 °C (th. 6) pendant 20 à 25 minutes. Servez ce gratin bien chaud avec une salade frisée assaisonnée de vinaigrette.

variante
Ajoutez un petit trait de Viandox® ou de Maggi® dans la sauce vinaigrette.

truc de cuisinier
Pour un gratin encore plus fondant et moelleux, ajoutez quelques cuillerées à soupe de vin blanc et de crème liquide entre les couches de pommes de terre.

Tartiflette

coût moyen • très facile à réaliser • préparation : 15 min • cuisson : 50 min • pour 4 personnes

1 moule à gratin
2 casseroles

1,2 kg de pommes de
terre de type charlotte

1 reblochon

10 g de beurre

1 cuil. à soupe d'huile
végétale

125 g de lardons

2 oignons

8 cl de vin blanc sec

20 cl de crème liquide

sel fin - gros sel

poivre du moulin

1 Lavez les pommes de terre. Déposez-les dans une casserole avec du gros sel et de l'eau à hauteur. Faites frémir et laissez cuire pendant 30 minutes à feu doux. Vérifiez la cuisson avec la pointe d'un couteau. Égouttez les pommes de terre et épluchez-les encore chaudes. Émincez-les en tranches épaisses, répartissez-les dans un plat à gratin beurré.

2 Émincez finement les oignons. Faites-les suer avec un peu d'huile dans une casserole. Laissez-les compoter doucement pendant quelques minutes. Ajoutez les lardons, laissez cuire un peu. Versez le vin blanc, laissez réduire, ajoutez la crème. Laissez frémir pendant 1 à 2 minutes. Salez et poivrez légèrement. Versez cette crème encore chaude sur les pommes de terre émincées.

3 Coupez le reblochon en deux horizontalement. Placez les 2 morceaux de reblochon sur les pommes de terre, la croûte au-dessus.

4 Faites cuire et gratiner la tartiflette dans un four à 180 °C (th. 6) pendant 20 à 25 minutes.

variante
Vous pouvez aussi monter 2 couches de pommes de terre et 2 couches de crème dans le plat à gratin.

truc de cuisinier
Choisissez des pommes de terre de même taille pour faciliter la cuisson.

Gratin de chou-fleur à l'emmental

coût peu élevé • très facile à réaliser • préparation : 20 min • cuisson : 30 min • pour 4 personnes

1 plat à gratin - 2 casseroles

1 petit chou-fleur

1/2 l de lait

50 g de beurre

30 g de farine

1 jaune d'œuf

1 cuil. à soupe de moutarde

2 cuil. à soupe de crème fraîche épaisse

100 g d'emmental râpé

sel - muscade râpée

Préchauffez le four à 200 °C (th. 6/7). Badigeonnez le plat à gratin avec 20 g de beurre fondu. Découpez le chou-fleur en petits bouquets. Faites-les cuire dans de l'eau bouillante salée pendant 10 minutes pour les garder fermes. Égouttez-les, répartissez-les dans le plat à gratin.

Dans une petite casserole, faites fondre 30 g de beurre. Ajoutez la farine et laissez cuire pendant 30 secondes. Versez le lait froid sur ce roux chaud. Portez le tout à ébullition en fouettant régulièrement. Hors du feu, ajoutez le jaune d'œuf, la moitié du fromage râpé, la moutarde, la crème épaisse, du sel fin et une bonne pincée de muscade râpée. Mélangez bien, répartissez cette sauce sur les choux-fleurs. Ajoutez le reste de l'emmental. Faites cuire et gratiner dans le four pendant 20 minutes.

Gratin moelleux de courgettes sautées à l'ail

coût peu élevé • très facile à réaliser • préparation : 25 min • cuisson : 30 min • pour 4 personnes

1 plat à gratin - 1 poêle
1 casserole

5 courgettes, soit 800 g

3 gousses d'ail

5 cl d'huile d'olive

0,75 l de lait

50 g de beurre

50 g de farine

2 jaunes d'œufs

80 g de gruyère râpé

sel fin - poivre du moulin

muscade râpée

Préchauffez le four à 200 °C (th. 6/7). Badigeonnez le plat à gratin avec un peu d'huile d'olive. Lavez et émincez finement les courgettes. Hachez l'ail. Faites sauter rapidement, en 3 fois, les rondelles de courgettes dans une grande poêle. Assaisonnez-les avec l'ail haché, du sel et du poivre.

Dans une casserole, faites fondre le beurre. Ajoutez la farine. Faites cuire ce roux pendant 30 secondes. Ajoutez le lait froid. Portez à ébullition, à feu doux, en remuant constamment. Laissez frémir pendant 1 minute, puis ajoutez les jaunes d'œufs. Mélangez bien. Retirez cette sauce du feu, assaisonnez-la de sel, de poivre et de muscade.

Répartissez la moitié des courgettes dans le plat à gratin. Nappez avec la moitié de la sauce. Recommencez l'opération pour une seconde couche. Parsemez de gruyère. Faites cuire et gratiner dans le four pendant 20 à 25 minutes.

Gratins de blettes au jambon cru

coût peu élevé • facile à réaliser • préparation : 25 min • cuisson : 35 min • pour 4 personnes

4 mini-plats à gratin
2 casseroles
1 poêle

1 botte de blettes
1/2 l de lait
80 g de beurre
30 g de farine
2 tranches de jambon cru
80 g de gruyère râpé
sel fin - poivre
muscade moulue

Lavez la botte de blettes, séparez les feuilles des cardes. Émincez les cardes en morceaux de 1 à 1,5 cm. Faites-les précuire dans une casserole remplie d'eau bouillante salée pendant 10 minutes. Émincez finement les feuilles roulées en cigare et faites-les suer dans une poêle avec 30 g de beurre. Ajoutez les morceaux de cardes bien égouttés. Laissez cuire doucement pendant quelques minutes à feu doux. Égouttez de nouveau si nécessaire. Salez et poivrez.

Dans une casserole, faites fondre 30 g de beurre. Ajoutez 30 g de farine. Faites cuire ce roux pendant 30 secondes. Ajoutez le lait froid. Portez à ébullition, à feu doux, en remuant constamment. Assaisonnez cette sauce béchamel de sel, de poivre et de muscade. Répartissez les feuilles et les cardes de blettes dans les mini-plats à gratin légèrement beurrés. Ajoutez les tranches de jambon cru taillées en lanières. Nappez de sauce béchamel. Saupoudrez de gruyère râpé. Faites cuire et gratiner dans un four à 180 °C (th. 6) pendant 20 minutes.

Gratins d'aubergine, tomate et feta

coût moyen • facile à réaliser • préparation : 25 min • cuisson : 1 h 10 • pour 4 personnes

4 mini-plats à gratin
1 casserole - 1 saladier
1 plat à gratin

2 petites aubergines
1 oignon - 3 tomates
2 c. à s. d'huile d'olive
2 gousses d'ail
1/2 l de lait
40 g de farine
30 g de beurre
120 g de feta
thym - sel fin
poivre du moulin

Hachez l'ail. Émincez finement 1 tomate et l'oignon. Fendez les aubergines en deux. Quadrillez la chair avec la pointe d'un couteau. Répartissez sur les demi-aubergines de l'ail haché, quelques tranches de tomate et d'oignon, du sel et du thym. Arrosez d'huile d'olive. Enveloppez chaque aubergine de papier aluminium. Déposez-les dans un plat à gratin. Faites cuire pendant 50 minutes dans un four à 200 °C (th. 6/7). Laissez refroidir.

Dans une casserole, faites fondre le beurre, puis ajoutez la farine. Laissez cuire pendant 1 minute. Versez le lait froid et portez à ébullition cette sauce béchamel en remuant constamment. Salez et poivrez. Concassez grossièrement au couteau les aubergines et la garniture. Répartissez, à mi-hauteur, le caviar d'aubergine dans les moules à gratin. Recouvrez avec la béchamel. Coupez les 2 tomates restantes en très fines tranches et déposez-les en rosace sur la béchamel. Parsemez de feta. Faites gratiner dans un four à 200 °C (th. 6/7) pendant 15 à 20 minutes.

Gratin dauphinois

coût peu élevé • très facile à réaliser • préparation : 15 min • cuisson : 40 min • pour 4 personnes

1 plat à gratin
2 saladiers

1 kg de pommes de terre
40 g de beurre
2 gousses d'ail
20 cl de crème liquide
10 cl de lait
80 g de gruyère râpé
muscade moulue
sel fin - poivre du moulin

1 Épluchez les pommes de terre, lavez-les soigneusement. Coupez-les, à l'aide d'un couteau ou d'une râpe, en fines tranches de 3 mm d'épaisseur, puis déposez-les dans un saladier. Épluchez, dégermez et hachez les gousses d'ail. Mélangez l'ail aux tranches de pommes de terre. Assaisonnez de sel, de muscade et de poivre.

2 Préchauffez le four à 170 °C (th. 5/6). Mélangez dans un saladier la crème avec le lait. Ajoutez un peu de sel, de poivre et de muscade.

3 Beurrez généreusement le plat à gratin. Répartissez les tranches de pommes de terre. Versez le mélange de lait et de crème sans dépasser la moitié de la hauteur du plat. Recouvrez de gruyère haché.

4 Faites cuire le gratin dans le four pendant 35 à 40 minutes. Vérifiez la cuisson à l'aide de la pointe d'un couteau.

variante
Pour un gratin plus léger, utilisez 15 cl de crème et 15 cl de lait.

truc de cuisinier
Pour des mini-plats à gratin, coupez les tranches de pommes de terre en deux et faites cuire seulement pendant 25 à 30 minutes.

Gratinée d'oignons et pommes de terre

coût peu élevé • très facile à réaliser • préparation : 25 min • cuisson : 1 h • pour 4 personnes

1 plat à gratin
1 saladier
1 cocotte

1 kg de pommes de terre
3 oignons
3 gousses d'ail
70 g de beurre
1/2 l de bouillon de volaille
poivre du moulin

Épluchez et émincez finement les oignons. Faites fondre 50 g de beurre dans une petite cocotte. Faites suer doucement les oignons dans cette matière grasse pendant 15 minutes, puis laissez refroidir. Émincez les pommes de terre en tranches de 4 mm d'épaisseur. Dégermez et hachez finement les gousses d'ail. Dans un saladier mélangez les tranches de pommes de terre avec les oignons, l'ail et du poivre.

Beurrez un plat à gratin. Remplissez-le avec le mélange de pommes de terre et d'oignons. Égalisez bien la surface. Versez du bouillon de volaille à hauteur. Déposez par-dessus une feuille de papier sulfurisé beurrée. Faites cuire dans un four à 170 °C (th. 5/6) pendant 40 à 45 minutes. Le bouillon doit être entièrement absorbé par les pommes de terre. Retirez le papier sulfurisé quelques minutes avant la fin de la cuisson pour dorer les pommes de terre.

Tian de courgette et tomate au fromage de chèvre

coût peu élevé • très facile à réaliser • préparation : 25 min • cuisson : 20 min • pour 4 personnes

1 plat à gratin

5-6 petites tomates
3 petites courgettes
1 bûche de fromage de chèvre
5 cl d'huile d'olive
30 g de parmesan râpé
origan
quelques branches de romarin - sel fin

Lavez les tomates et les courgettes. Taillez ces légumes et la bûche de chèvre en fines rondelles.

Badigeonnez le plat à gratin d'huile d'olive. Disposez une première rangée de courgettes, bien droites, dans le plat à gratin. Continuez avec les tomates. Recommencez cette opération, ajoutez une rangée de tranches de chèvre. Remplissez tout le plat en serrant bien les différentes rangées.

Arrosez d'un filet d'huile d'olive, assaisonnez de sel et d'origan, saupoudrez de parmesan râpé. Faites cuire pendant 15 à 20 minutes dans un four à 200 °C (th. 6/7). Décorez avec des branches de romarin.

Gratin coulant de pommes de terre au fromage

coût moyen • facile à réaliser • préparation : 20 min • cuisson : 30 min • pour 4 personnes

1 plat à gratin
1 casserole
1 saladier

1 kg de pommes de terre
1/2 l de lait
20 cl de crème liquide
100 g de gruyère râpé
40 g de beurre
2 gousses d'ail
sel - poivre
muscade moulue

Hachez finement l'ail. Épluchez et lavez les pommes de terre. Émincez-les finement sur 2 mm d'épaisseur. Déposez-les dans une grande casserole avec un peu d'ail haché et du sel fin. Versez par-dessus le lait froid à hauteur. Faites frémir et laissez cuire, à feu doux, pendant 5-6 minutes. Remuez de temps en temps et délicatement avec une écumoire sans trop casser les tranches de pommes de terre. Égouttez-les et réservez 10 cl du lait de cuisson. Dans un saladier, mélangez-les avec la crème.

Beurrez grassement le plat à gratin. Répartissez une première couche de pommes de terre précuites et égouttées. Assaisonnez avec du sel, du poivre, de la muscade et de l'ail haché. Versez un tiers de la crème et du gruyère. Recommencez cette opération pour les 2 couches suivantes. Ajoutez à la fin quelques parcelles de beurre. Terminez la cuisson de ce gratin dans un four à 180 °C (th. 6) pendant 25 minutes.

Gratin de pommes de terre au beaufort

coût moyen • très facile à réaliser • préparation : 15 min • cuisson : 50 min • pour 4 personnes

1 plat à gratin
1 râpe à fromage

1 kg de pommes de terre
60 g de beurre
180 g de beaufort
50 cl de bouillon de volaille
poivre du moulin

Râpez le beaufort à l'aide d'une râpe à fromage. Épluchez les pommes de terre et émincez-les assez finement.

Beurrez grassement un plat à gratin avec 30 g de beurre, disposez les pommes de terre en 3 couches. Poivrez et répartissez la moitié du beaufort râpé entre chaque couche.

Versez le bouillon de volaille à hauteur des pommes de terre. Ajoutez le reste de beaufort, puis 30 g de beurre en parcelles. Faites cuire pendant 45 à 50 minutes dans un four à 170 °C (th. 5/6).

Gratin de brocoli et pommes de terre au comté

coût moyen • très facile à réaliser • préparation : 30 min • cuisson : 45 min • pour 4 personnes

1 plat à gratin
2 casseroles
1 râpe à fromage

4 grosses pommes de terre
1/2 brocoli
50 g de beurre
1/2 l de lait
30 g de farine
1 jaune d'œuf
120 g de comté
sel fin - poivre du moulin

1 Badigeonnez le plat à gratin avec 20 g de beurre fondu. Faites chauffer de l'eau salée dans une grande casserole. Lavez et découpez le brocoli en petits bouquets. Faites-les cuire dans l'eau bouillante pendant 10 minutes pour les garder fermes. Refroidissez-les et égouttez-les.

2 Épluchez les pommes de terre et découpez-les en gros cubes. Faites-les cuire pendant 15 minutes à la vapeur ou dans une casserole d'eau bouillante salée. Égouttez-les. Répartissez-les avec les brocolis dans le plat à gratin. Râpez le comté.

3 Dans une petite casserole, faites fondre 30 g de beurre. Ajoutez la farine et laissez cuire pendant 30 secondes. Versez le lait froid sur ce roux chaud. Portez le tout à ébullition en fouettant régulièrement. Hors du feu, ajoutez le jaune d'œuf, la moitié du fromage râpé, du sel fin et du poivre du moulin. Ne faites plus bouillir cette sauce.

4 Mélangez bien, répartissez la sauce sur les légumes. Ajoutez le reste du comté. Faites cuire et gratiner dans four à 200 °C (th. 6/7) pendant 15 à 20 minutes.

variante
Ajoutez quelques dés de saucisse de Morteau avec les dés de pommes de terre.

truc de cuisinier
Pour des mini-gratins, réduisez la cuisson de quelques minutes.

Gratins de pommes de terre au foie gras

coût élevé • très facile à réaliser • préparation : 20 min • cuisson : 25 min • pour 4 personnes

4 mini-plats à gratin

800 g de pommes de terre

4 petites tranches de foie gras

20 cl de crème liquide

80 g de gruyère râpé

40 g de beurre

2 gousses d'ail

sel - poivre

muscade moulue

Hachez finement l'ail. Épluchez et lavez les pommes de terre. Émincez-les finement sur 2 mm d'épaisseur. Beurrez les mini-plats à gratin. Répartissez la moitié des tranches de pommes de terre. Assaisonnez avec du sel, du poivre, de la muscade et de l'ail haché.

Découpez les tranches fines de foie gras en quatre. Répartissez 4 morceaux de foie gras par mini-plat à gratin. Complétez avec le reste de pommes de terre. Assaisonnez de nouveau. Versez la crème et parsemez de gruyère. Faites cuire dans un four à 180 °C (th. 6) pendant 25 minutes.

Gratins de polenta au mascarpone

coût moyen • très facile à réaliser • préparation : 15 min • cuisson : 10 min • pour 4 personnes

4 mini-plats à gratin
1 casserole

35 cl de lait

100 g de semoule de maïs précuite

1 gousse d'ail

5 cl d'huile d'olive

50 g de mascarpone

30 g de parmesan

30 g de beurre

sel fin

Faites frémir dans une casserole le lait avec la gousse d'ail fendue en deux et dégermée et du sel fin. Versez la semoule de maïs précuite en pluie. Remuez constamment, à feu très doux, avec un petit fouet pendant 5-6 minutes.

Ajoutez l'huile d'olive et le mascarpone hors du feu. Mélangez rapidement. Retirez l'ail. Versez la polenta dans les moules préalablement beurrés. Saupoudrez de parmesan fraîchement râpé. Faites gratiner pendant quelques minutes dans un four à 230 °C (th. 7/8).

Gratins de poire amandine

coût peu élevé • très facile à réaliser • préparation : 25 min • cuisson : 40 min • pour 4 personnes

4 mini-plats à gratin
2 saladiers - 1 casserole

2 belles poires rondes

1 citron

1/2 l d'eau

80 g de sucre

30 g de beurre + 20 g
pour le moule

1 cuil. à soupe de
pistaches hachées

1 petit bocal de gelée
d'abricot

4 feuilles de menthe

Pour la crème
d'amandes :

2 œufs

60 g de sucre glace

80 g de poudre
d'amandes

100 g de crème épaisse

1/2 citron

1 trait de rhum

sel fin

1 Faites frémir dans une casserole le demi-litre d'eau avec le sucre.

2 Épluchez et citronnez soigneusement les poires. Fendez-les en deux, retirez le cœur avec la pointe d'un couteau. Plongez-les dans le sirop bouillant et laissez-les cuire pendant 15 à 20 minutes selon leur maturité. Égouttez et laissez refroidir. Émincez-les en éventail et en tranches fines de 3 à 4 mm d'épaisseur

3 Séparez les jaunes des blancs d'œufs. Dans un saladier, fouettez les jaunes avec la crème, puis le sucre glace. Ajoutez la poudre d'amandes et le rhum. Montez les 2 blancs en neige avec quelques gouttes de citron et une pincée de sel fin et incorporez-les au précédent mélange.

4 Beurrez grassement les plats à gratin. Répartissez à mi-hauteur la crème d'amandes. Déposez les poires en éventail. Faites cuire pendant 20 minutes dans un four préchauffé à 190 °C (th. 6/7). Badigeonnez les poires avec un peu de gelée d'abricot chaude à la sortie du four. Saupoudrez de pistaches hachées.

variante

Il n'est pas nécessaire de précuire les poires dans un sirop si elles sont à maturité.

truc de cuisinier

L'ajout de citron et de sel fin permet d'obtenir des blancs en neige bien fermes et lisses.

Crumbles de pommes aux fraises

coût peu élevé • facile à réaliser • préparation : 25 min • cuisson : 30 min • pour 4 personnes

4 mini-plats à gratin
1 saladier
1 casserole
1 bol

3 pommes
1 petite barquette de fraises
4 cuil. à soupe de sucre
1 cuil. à soupe de raisins secs
1 trait de rhum
40 g de beurre

Pour la pâte à crumble :
100 g de farine
50 g de cassonade
50 g de beurre
1 cuil. à café de cannelle moulue

1 Dans un bol, faites macérer pendant quelques minutes les raisins secs avec un peu d'eau tiède et le rhum. Lavez et découpez les fraises en quatre ou en six.

2 Épluchez et évidez les pommes, découpez-les en petits dés réguliers. Dans une casserole, déposez-les avec 20 g de beurre, le sucre et 1 cuillerée à soupe d'eau. Laissez cuire à feu doux et à couvert pendant 5 minutes. Laissez tiédir, ajoutez les raisins secs bien égouttés, puis les morceaux de fraises. Mélangez délicatement.

3 Confectionnez la pâte à crumble en mélangeant dans un saladier et du bout des doigts la farine avec la cassonade, la cannelle et le beurre découpé en petites parcelles. La pâte à crumble doit être friable.

4 Beurrez 4 mini-plats à gratin. Répartissez la compote de pommes aux fraises. Émiettez la pâte à crumble sur toute la surface. Faites cuire au four pendant 25 à 30 minutes à 180 °C (th. 6). Servez tiède.

variante
Ajoutez quelques dés de banane avec la compote de pommes et les morceaux de fraises.

truc de cuisinier
Faites à peine cuire les dés de pommes dans la casserole pour les conserver encore croquants.

Crumbles de poire et cacao

coût peu élevé • facile à réaliser • préparation : 25 min • cuisson : 35 min • pour 4 personnes

4 mini-plats à gratin -
2 saladiers

2 poires - 1/2 citron

20 g de beurre - 1 œuf -
1 jaune

40 g de sucre - 20 g de
farine - 15 cl de crème -
5 cl de lait

Pour le crumble cacao :

100 g de farine - 25 g de
cacao en poudre - 50 g de
sucre - 70 g de beurre

Épluchez et citronnez les poires avant de retirer le cœur. Détaillez-les en petits dés réguliers. Confectionnez un appareil à flan en mélangeant dans un saladier l'œuf, le jaune, le sucre, la farine, la crème et le lait. Beurrez les mini-plats à gratin. Répartissez les dés de poires et versez le flan à hauteur des fruits.

Dans un autre saladier, confectionnez la pâte à crumble en mélangeant du bout des doigts la farine avec le cacao, le sucre et le beurre découpé en petites parcelles. La pâte à crumble doit être friable. Faites durcir cette pâte au réfrigérateur.

Faites cuire les flans aux poires dans un four à 200 °C (th. 6/7) pendant 15 minutes. Sortez-les du four. Émiettez par-dessus le crumble cacao. Faites cuire de nouveau pendant 15 à 20 minutes à 200 °C. Laissez refroidir, avant de servir.

Gratins de mirabelles au fromage blanc poudré au streusel

coût peu élevé • facile à réaliser • préparation : 25 min • cuisson : 30 min • pour 4 personnes

4 mini-plats à gratin
2 saladiers

400 g de mirabelles
fraîches ou au sirop

120 g de farine - 90 g de
beurre

60 g de cassonade

150 g de fromage blanc

1 œuf - 1 jaune - 60 g de
sucre

1 citron

Confectionnez la pâte à streusel en mélangeant du bout des doigts la farine avec la cassonade et 70 g de beurre en pommade. Laissez durcir cette pâte très friable au réfrigérateur. Dans un saladier, fouettez l'œuf et le jaune avec le sucre et le zeste du citron, puis incorporez le fromage blanc.

Dénoyautez les mirabelles et coupez-les en deux. Rangez-les côte à côte et en rosace dans les mini-plats à gratin beurrés. Versez le flan de fromage blanc à hauteur des fruits. Émiettez le streusel par-dessus. Faites cuire dans un four à 180 °C (th. 6) pendant 25 à 30 minutes. Servez tiède ou froid.

Gratin de cerises noires au kirsch

coût moyen • très facile à réaliser • préparation : 25 min • cuisson : 30 min • pour 4 personnes

1 plat à gratin
1 saladier
1 pinceau
1 plat
papier absorbant

500 g de cerises noires
20 g de beurre
2 œufs
70 g de cassonade
50 g de farine
15 cl de crème liquide
10 cl de lait
1 trait de kirsch
20 g de sucre glace

1 Préchauffez le four à 200 °C (th. 6/7). Beurrer le plat à gratin. Lavez les cerises. Équeutez-les, retirez les noyaux. Réservez les cerises dans un plat recouvert de papier absorbant.

2 Dans un saladier, fouettez les œufs avec la cassonade. Ajoutez la farine. Mélangez bien. Versez la crème liquide, le lait, puis le kirsch. Fouettez à nouveau ce flan.

3 Répartissez les cerises dénoyautées dans le plat à gratin sans les chevaucher. Ajoutez le flan sans dépasser les trois quarts de la hauteur.

4 Faites cuire le gratin de cerises dans un four à 200 °C (th. 6/7) pendant 30 minutes. Sortez-le du four pour le laisser tiédir pendant quelques minutes. Saupoudrez de sucre glace. Servez tiède ou froid.

variante

Remplacez le kirsch par une liqueur d'amaretto au merveilleux goût d'amande.

truc de cuisinier

Pour obtenir une consistance de clafoutis, doublez la dose de farine.

Gratins de figues fraîches aux pignons de pin

coût élevé • très facile à réaliser • préparation : 15 min • cuisson : 20 min • pour 4 personnes

4 mini-plats à gratin
1 poêle
1 saladier

4 belles figues fraîches

2 jaunes d'œufs

50 g de sucre

150 g de ricotta

100 g de crème fraîche épaisse

1 cuil. à soupe d'amaretto

30 g de pignons de pin

20 g de beurre

20 g de cassonade

1 Faites chauffer une petite poêle sans matière grasse. Déposez les pignons de pin dans la poêle chaude. Faites-les colorer rapidement et superficiellement en les remuant régulièrement.

2 Fouettez les jaunes d'œufs avec le sucre. Ajoutez la ricotta et la crème fraîche. Lissez bien le tout avec un fouet. Terminez cette crème à la ricotta en incorporant l'amaretto.

3 Beurrez les mini-plats à gratin. Fendez les figues fraîches en quatre sans les couper complètement. Versez la crème à la ricotta, à mi-hauteur, dans les plats à gratin. Déposez une figue au milieu. Parsemez de pignons de pin. Saupoudrez de cassonade.

4 Faites cuire dans un four préchauffé à 200 °C (th. 6/7) pendant environ 20 minutes.

variante
Ajoutez quelques figues sèches finement émincées dans le flan à la ricotta.

truc de cuisinier
L'amaretto apporte un parfum d'amande qui s'accorde à merveille avec ce dessert.

Sabayons de fruits rouges

coût peu élevé • assez facile à réaliser • préparation : 25 min • cuisson : 5 min • pour 4 personnes

4 mini-plats à gratin
1 bain-marie - 2 saladiers -
1 fouet électrique

300 g de fraises - 200 g
de framboises - 100 g de
myrtilles - quelques groseilles

20 cl de coulis de framboises

1 c. à s. de sucre glace -
4 feuilles de menthe

Pour le sabayon :

4 jaunes d'œufs - 100 g de
sucre - 2 c. à s. d'eau - 15 cl
de crème liquide - 1 c. à c. de
kirsch

Lavez, égouttez et équeutez les fraises. Gardez-les entières ou coupez-les en deux. Vérifiez les autres fruits rouges. Dans un saladier fouettez les jaunes d'œufs avec le sucre et l'eau. Placez le saladier dans un bain-marie. Fouettez à l'aide d'un fouet électrique sans arrêter pendant 3 minutes, jusqu'à l'obtention d'un sabayon consistant et onctueux. Refroidissez-le en déposant le saladier sur des glaçons, puis en le fouettant de nouveau.

Montez la crème liquide en chantilly dans un autre saladier. Versez le kirsch dans le sabayon froid, incorporez délicatement la chantilly. Répartissez le coulis puis les fruits rouges dans les mini-plats à gratin. Versez le sabayon froid sur les fruits rouges. Faites colorer sous le gril du four pendant quelques instants. Servez aussitôt. Saupoudrez de sucre glace et décorez avec 1 feuille de menthe.

Sabayons d'agrumes et de mangue

coût peu élevé • assez facile à réaliser • préparation : 25 min • cuisson : 5 min • pour 4 personnes

4 mini-plats à gratin
1 saladier - 1 bain-marie
1 chalumeau - 1 fouet
électrique

1 pamplemousse - 2 oranges -
1/2 mangue

20 g de sucre glace - 4 feuilles
de menthe

Pour le sabayon :

4 jaunes d'œufs - 80 g de
sucre - 4 c. à s. de vin blanc -
1 trait de Grand Marnier® -
10 cl de crème liquide

Prélevez soigneusement les suprêmes du pamplemousse et des oranges. Taillez des dés réguliers dans la chair de la mangue. Disposez harmonieusement les fruits dans les mini-plats à gratin. Dans un saladier, fouettez les jaunes d'œufs avec le sucre. Déposez le saladier dans un bain-marie bien chaud ou sur un feu doux. Fouettez, à l'aide d'un fouet électrique, en incorporant petit à petit le vin blanc puis le Grand Marnier®. Continuez de fouetter, pendant au moins 5 minutes, jusqu'à l'obtention d'un sabayon consistant et onctueux. Refroidissez-le en déposant le saladier sur des glaçons, puis en le fouettant.

Montez la crème liquide en chantilly et incorporez-la délicatement dans le sabayon bien froid. Répartissez ce sabayon sur les fruits en les laissant dépasser un peu. Faites colorer sous le gril du four pendant quelques minutes ou utilisez un chalumeau. Saupoudrez de sucre glace et décorez avec des feuilles de menthe. Servez aussitôt.

Gratins de fruits d'automne, sorbet poire

coût moyen • assez facile à réaliser • préparation : 25 min • cuisson : 10 min • pour 4 personnes

4 mini-plats à gratin
1 bain-marie - 1 poêle
2 saladiers - 1 fouet électrique

4 pommes

1/2 citron

150 g de myrtilles

30 g de beurre

30 g de sucre

4 boules de sorbet poire

quelques feuilles de menthe

Pour le sabayon :

4 jaunes d'œufs

80 g de sucre

2 cuil. à soupe d'eau

1 cuil. à café de calvados

10 cl de crème liquide

1 cuil. à soupe de sucre glace

1 Épluchez et citronnez les pommes, coupez-les en quartiers. Faites chauffer du beurre dans une poêle. Colorez et laissez cuire pendant quelques minutes les quartiers de pommes dans ce beurre chaud. Saupoudrez-les de sucre juste à la fin. Lavez les myrtilles, égouttez-les sur du papier absorbant.

2 Dans un saladier, fouettez les jaunes d'œufs avec le sucre, l'eau et le calvados. Faites chauffer doucement le tout dans un bain-marie en fouettant sans arrêter pendant 3 minutes. Le volume doit tripler. Ne faites en aucun cas bouillir ce sabayon. Refroidissez-le en déposant le saladier sur des glaçons, puis en le fouettant de nouveau. Montez la crème liquide en chantilly, ajoutez le sucre glace. Incorporez délicatement cette chantilly au sabayon froid.

3 Répartissez harmonieusement les quartiers de pommes et les myrtilles dans les mini-plats à gratin. Versez le sabayon, au centre des moules, jusqu'à la moitié de la hauteur des pommes. Faites colorer sous le gril du four pendant quelques instants.

4 Saupoudrez de sucre glace et déposez une boule de sorbet à la poire. Décorez avec des feuilles de menthe. Servez aussitôt.

variante
Saupoudrez les quartiers de pommes de cannelle.

truc de cuisinier
Montez et refroidissez le sabayon avec le fouet électrique.

Gratins de fruits glacés au muscat

coût moyen • assez facile à réaliser • préparation : 25 min • cuisson : 5 min • pour 4 personnes

4 mini-plats à gratin
2 saladiers
1 bain-marie
1 fouet électrique

1 banane

1 kiwi

1 orange

1 barquette de framboises

15 cl de coulis de fruits rouges

4 boules de glace vanille

Pour le sabayon :

4 jaunes d'œufs

120 g de sucre

1/2 citron

5 cl de muscat

10 cl de crème liquide

1 Épluchez la banane et le kiwi, coupez-les en rondelles. Prélevez les segments de l'orange. Répartissez ces fruits ainsi que les framboises dans les mini-plats à gratin. Ajoutez un cordon de coulis de fruits rouges autour des fruits. Réservez le tout au frais.

2 Déposez dans un saladier les jaunes d'œufs avec le sucre, le jus de citron et le muscat. Placez le saladier dans un bain-marie. Fouettez à l'aide d'un fouet électrique pendant 3 minutes. Le sabayon va tripler de volume. Refroidissez-le en déposant le saladier sur des glaçons, puis en le fouettant de nouveau. Montez la crème liquide en chantilly. Incorporez-la au sabayon refroidi. Préchauffez le four en position gril.

3 Déposez une boule de glace au centre des mini-plats à gratin. Nappez la glace et les fruits du sabayon de muscat.

4 Passez les mini-plats à gratin sous la salamandre du four pendant 2 minutes pour bien gratiner le sabayon. Servez aussitôt.

variante
Saupoudrez de sucre glace et décorez avec des feuilles de menthe.

truc de cuisinier
Déposez la boule de glace sur un petit disque de brioche.

Crèmes brûlées à la vanille

coût moyen • facile à réaliser • préparation : 10 min • cuisson : 1 h • pour 4 personnes

4 mini-plats à gratin
1 saladier
1 chalumeau

1/2 l de crème liquide
5 jaunes d'œufs
100 g de sucre
1 gousse de vanille
50 g de cassonade

Préchauffez le four à 110 °C (th. 3/4) et placez une grille au milieu. Fouettez vigoureusement, dans un saladier et pendant 1 minute, les jaunes d'œufs avec le sucre. Fendez la gousse de vanille en deux. Grattez les graines avec la lame d'un couteau, incorporez-les dans les jaunes. Ajoutez la crème liquide et mélangez bien.

Répartissez le tout dans 4 mini-plats à gratin. Faites cuire dans le four pendant au moins 1 heure. Laissez bien refroidir les crèmes brûlées. Saupoudrez-les généreusement de sucre cassonade. Caramélisez avec un chalumeau. Servez immédiatement.

Crèmes catalanes au citron et à la cannelle

coût peu élevé • facile à réaliser • préparation : 15 min • cuisson : 3 min • repos : 2 h • pour 4 personnes

4 mini-plats à gratin
1 casserole - 1 saladier
1 tamis fin - 1 chalumeau

1/2 l de lait
1 citron
1 bâton de cannelle
110 g de sucre
4 jaunes d'œufs
20 g de fécule de maïs
50 g de cassonade
30 g d'écorces de citron confit

Versez le lait dans une casserole. Ajoutez le bâton de cannelle et le zeste du citron. Faites frémir le tout, arrêtez la cuisson et laissez infuser pendant 20 à 30 minutes. Dans un saladier, fouettez vigoureusement les jaunes d'œufs avec le sucre et la fécule de maïs. Versez le lait par-dessus, au travers d'un tamis fin. Mélangez bien.

Versez ce mélange dans la casserole. Faites-le cuire à la manière d'une crème anglaise, c'est-à-dire à la limite de l'ébullition. Répartissez le tout dans les mini-plats à gratin. Laissez refroidir pendant 2 heures au réfrigérateur. Saupoudrez généreusement de sucre cassonade et caramélisez avec un chalumeau. Décorez de quelques écorces de citron confit. Servez immédiatement.

Gratins de pommes et poires à la cassonade

coût peu élevé • très facile à réaliser • préparation : 20 min • cuisson : 25 min • pour 4 personnes

4 mini-plats à gratin
1 casserole
2 saladiers

2 pommes
2 poires
1/2 citron
20 g de beurre
2 œufs
1 jaune d'œuf
25 cl de crème liquide
70 g de cassonade
2 cuil. à soupe d'eau
1 cuil. à soupe de rhum
50 g de raisins secs
4 quenelles de glace vanille

1 Faites chauffer l'équivalent de 2 cuillerées à soupe d'eau avec 1 cuillerée à soupe de rhum dans une petite casserole. Déposez les raisins secs dans le liquide chaud. Retirez du feu. Laissez les raisins réhydrater et refroidir doucement.

2 Dans un saladier, fouettez les œufs et le jaune avec 50 g de cassonade. Ajoutez la crème liquide. Fouettez de nouveau. Réservez ce flan au frais.

3 Épluchez les pommes et les poires. Retirez le cœur des fruits. Citronnez-les, coupez-les en petits cubes. Mélangez ces cubes de fruits avec les raisins secs égouttés dans un saladier. Beurrez les mini-plats à gratin.

4 Répartissez les fruits découpés dans les plats à gratin. Versez le flan par-dessus. Saupoudrez avec le reste de cassonade. Faites cuire pendant 20 à 25 minutes dans un four préchauffé à 190 °C (th. 6/7). Servez les gratins tièdes avec une quenelle de glace vanille.

variante

Pour un flan plus compact, mélangez 1 cuillerée à soupe de fécule de maïs avec la cassonade et les œufs.

truc de cuisinier

Choisissez des poires assez mûres pour mieux sentir leur parfum.

Index

Infos mesures

Mesures canadiennes	1 cuil. à café rase	1 cuil. à soupe rase
	1 teaspoon (tsp)	1 tablespoon (TBSP) - $\frac{1}{2}$oz
Farine	5 g	15 g
Sucre	6 g	20 g
Liqueur	0,5 cl ou un trait	1,5 cl
Fécule	5 g	15 g
Vin / eau	0,5 cl	1,5 cl

Collection Toquades de First

Pour tous les toqués de cuisine !

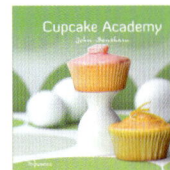

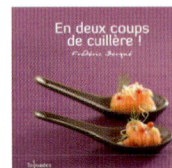

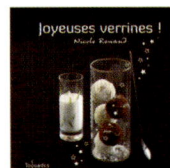

- Au bon pain 100 % machine à pain — Philippe Chavanne
- Cakes salés et sucrés — Hélène Martel
- Carrément plancha et barbecue — Hélène Martel
- C'est gratiné ! — Frédéric Berqué
- Cheeeese... cake — Julie Schwob
- Cocottes minus ! — Frédéric Berqué
- Chic, du chocolat ! — Paige Mahagea
- Complètement tarte ! — Caroline Wietzel
- Croques, tartines et bruschettas — Hélène Martel
- Cuisine à bâbord — Frédéric Berqué
- Cuisine à toute vapeur ! — Thierry Roussillon
- Cupcake Academy — Julie Bentham
- Douceurs de Noël — Nicole Renaud
- Du tout cru ! tartares et carpaccios — Nicole Renaud
- Easy smoothies — Olivier Sauvayre
- Effeuillez-moi ! — Marie-Claire Frédéric
- En deux coups de cuillère ! — Frédéric Berqué
- Foie gras follies ! — Nicole Renaud
- Gratins ! — Valéry Drouet
- Histoire d'œufs — Nicole Renaud
- Ir-riz-istible ! Riz et risottos — Christian Cino
- Joyeuses verrines ! — Nicole Renaud
- La crème des panna cotta — Thomas Feller
- La cuisine des p'tits chefs — Thomas Feller
- La ronde des macarons — Marie-Claire Frédéric
- Légumes & tutti frutti* — Pascale Weeks
- Les cafés gourmands — Valérie Drouet
- Madeleine, ma petite reine — Julie Schwob
- Mamma miam ! — Christian Cino
- Mange ta soupe ! — Frédéric Berqué

Mes lasagnes
Valérie Drilen

Mes p'tits biscuits
Julie Schwob

Mille et une pâtes
Christian Ciné

Mini-brochettes
Maya Barakat-Nuq

Mini-cocottes & Co
Frédéric Berqué

Mini-vapeur
Christian Ciné

Mini verres, maxi délices !
Frédéric Berqué

Mon p'tit bistrot
Valérie Drilen

Oh mon gâteau !
Florent Margaillan

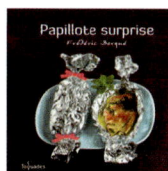
Papillote surprise
Frédéric Berqué

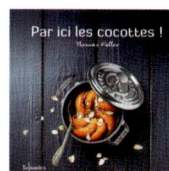
Par ici les cocottes !
Thomas Feller

Pâtes à tartiner maison
Marion Kaupar

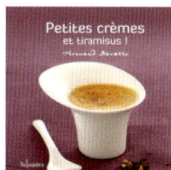
Petites crèmes et tiramisus !
Arnaud Saverin

Prenez-en de la graine !
Valérie Drilen

Raconte-moi des salades !
Caroline Wietzel

Recettes pour bébé
Thomas Feller

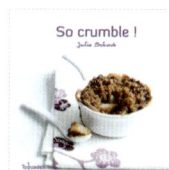
So crumble !
Julie Schwob

Soirée mousse
Frédéric Berqué

Soupes !
Nicole Renaud

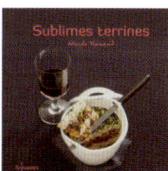
Sublimes terrines
Nicole Renaud

Sur un air de cappuccino
Hélène Hartel

Sushi & sa chimie
Sachi Okay

Tatins renversantes
Thierry Roussillon

Tout fait maison
Nathalie Cahon

Tronche de cake
Marion Kaupar

Ultra-Fondant
Marie-Claire Frédéric

Un amour de dîner
Thomas Feller

Une cuillère pour maman
Aurélie Rosin

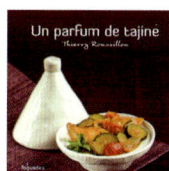
Un parfum de tajine
Thierry Roussillon

Verrines Frisson garanti !
Frédéric Berqué

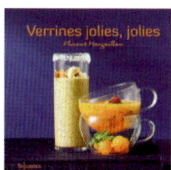
Verrines jolies, jolies
Florent Margaillan

Verrines qui friment
Thomas Feller

Wok attitude
Thomas Feller

Wok'n roll
Chef Simon

Yakitori entre amis
Marie Camonin

Yaourts tout doux
Caroline Wietzel

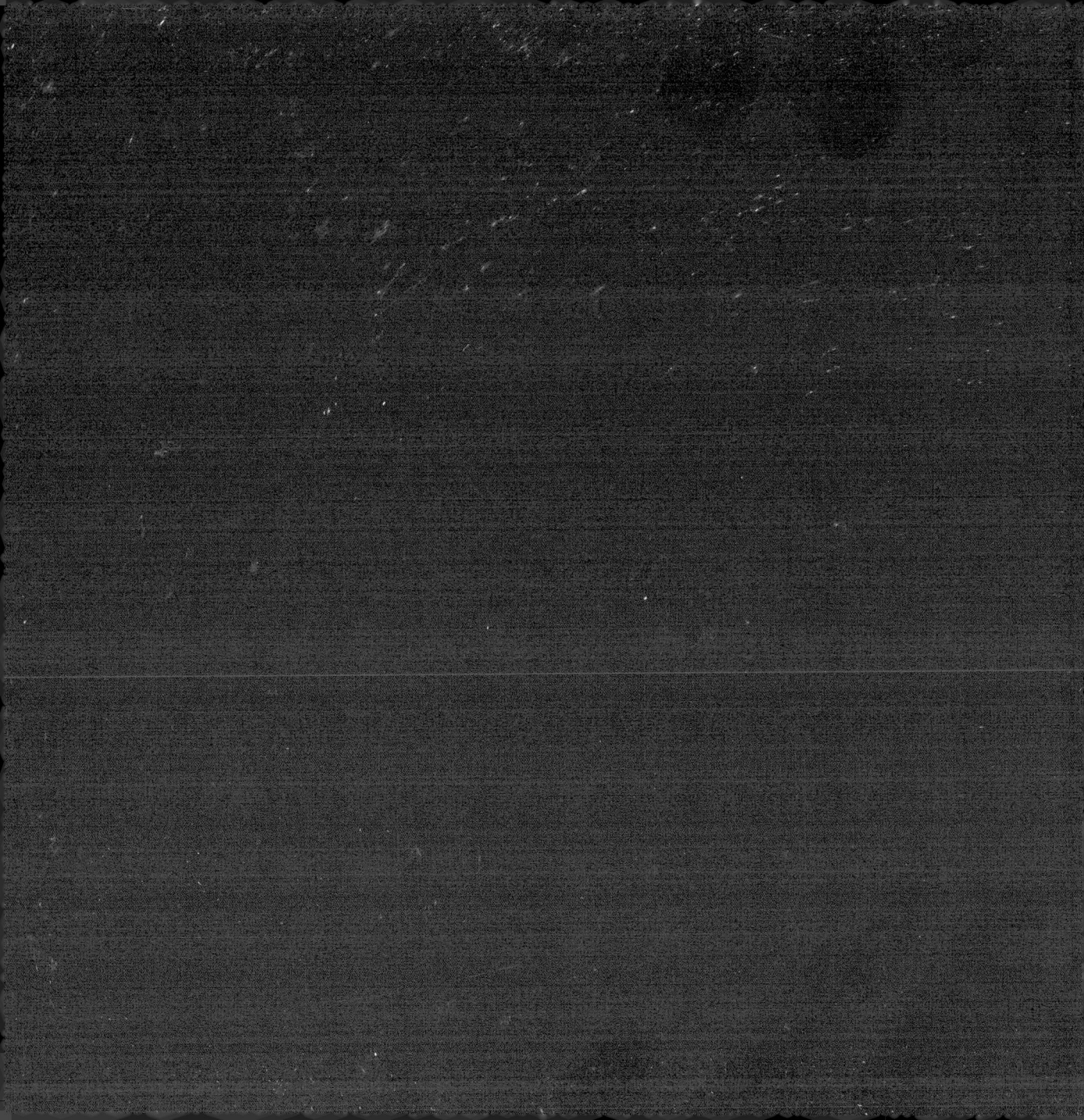